ALFREDO PUJOL

SÉRIE ESSENCIAL
ACADEMIA BRASILEIRA DE LETRAS

Diretoria de 2010

Presidente: *Marcos Vinicios Vilaça*

Secretária-Geral: *Ana Maria Machado*

Primeiro-Secretário: *Domício Proença Filho*

Segundo-Secretário: *Luiz Paulo Horta*

Tesoureiro: *Murilo Melo Filho*

COMISSÃO DE PUBLICAÇÕES

Antonio Carlos Secchin

José Murilo de Carvalho

Marco Maciel

Produção editorial

Monique Mendes

Revisão

Elvia Bezerra e Gilberto Araújo

Projeto gráfico e Editoração eletrônica

Estúdio Castellani

Catalogação na fonte:

Biblioteca da Academia Brasileira de Letras

C871   Coutinho, Fabio de Sousa.
        Alfredo Pujol : cadeira 23, ocupante 3 / Fabio de Sousa Coutinho. – Rio
de Janeiro : Academia Brasileira de Letras ; São Paulo : Imprensa Oficial
do Estado, 2010.
        68 p. ; 18,5 cm. – (Essencial ; 14)

        ISBN 978-85-7440-152-2 (Academia Brasileira de Letras)
        ISBN 978-85-7060-859-8 (Imprensa Oficial do Estado de São Paulo)

        1. Pujol, Alfredo, 1865-1930. I. Imprensa Oficial do Estado (SP).
II. Título: Cadeira 23, ocupante 3. III. Série.

CDD B869.92

Esta edição adota o *Novo Acordo Ortográfico da Língua Portuguesa*.

SÉRIE ESSENCIAL

ALFREDO PUJOL

CADEIRA 23 / OCUPANTE 3

Fabio de Sousa Coutinho

ACADEMIA BRASILEIRA
DE LETRAS

imprensaoficial

*A nossa vida é sempre garantida por um ideal,
uma aspiração superior a realizar-se.*

EUCLIDES DA CUNHA

Alfredo Pujol

Fabio de Sousa Coutinho

A Cadeira 23 da Academia Brasileira de Letras, fundada por Machado de Assis, foi sucessivamente ocupada, após sua morte, por dois juristas: o mineiro Lafayette Rodrigues Pereira e o fluminense (radicado em São Paulo) Alfredo Pujol.

Uma circunstância que pode ter ensejado, ou, pelo menos, inspirado tal fato, altamente lisonjeiro para todos os operadores do Direito, foi o discurso pronunciado pelo advogado baiano Rui Barbosa à beira do túmulo de Machado, no dia 1.º de outubro de 1908. Naquela ocasião, Rui fixou uma das mais belas peças de retórica da Literatura de língua portuguesa.

Em sua oração de despedida do primeiro presidente da ABL, e maior nome até hoje das Letras nacionais, o formidável causídico conseguiu ser mais brilhante do que já lhe era o costume. Pontuou, então, Rui Barbosa, em sua esplêndida fala, misto de respeito, admiração e amizade, todos em grau paroxístico:

> [...] Mestre e companheiro, disse eu que nos íamos despedir. Mas disse mal. A morte não extingue: transforma; não aniquila: renova; não divorcia: aproxima. Um dia supuseste "morta e separada" a consorte dos teus sonhos e das tuas agonias, que te soubera "pôr um mundo inteiro no recanto" do teu ninho; e, todavia, nunca ela te esteve mais presente, no íntimo, de ti mesmo e na expressão do teu canto, no fundo do teu ser e na face das tuas ações. [...]

E em outra passagem irretocável da mesma peça de saudade e pranto:

> Exemplar, sem rival entre os contemporâneos, da elegância e da graça, do ceticismo e da singeleza no con-

ceber e no dizer, prosando com Luís de Sousa e cantando com Luís de Camões.

Lafayette Rodrigues Pereira, o magnífico jurista que foi eleito em 1909 para a vaga aberta com a morte de Machado de Assis, foi declarado empossado em 2 de setembro de 1910, já que grave enfermidade impediu que fosse recebido em sessão solene, como é da praxe acadêmica.

De Lafayette, de sua gloriosa vida política e de sua obra de jurista inexcedível cuidaremos em outro estudo. A partir de agora, nosso personagem é Alfredo Pujol, o advogado que se aprofundou na obra machadiana e a divulgou de modo paciente, culto e apaixonado.

Ao tomar posse na Cadeira 10 da ABL, vaga por morte de Rui Barbosa, exclamou Laudelino Freire (1873-1937): "Não, não me elegestes para substituir Rui Barbosa." Acentuou a pronúncia do SUBSTITUIR e, depois de uma pausa, continuou:

> Influem sem dúvida nas eleições acadêmicas certas relações ou alianças, mas o que nelas realmente ocorre é um SEGUIR-SE, um VIR DEPOIS, ou melhor, uma perpetuação sucessiva de nomes, enlaçados apenas na solidariedade espiritual ao culto e amor das letras e da língua.

No momento em que Alfredo Pujol passou a ocupar a cadeira de Lafayette Rodrigues Pereira, realçava o sucessor o elo que os unia: o culto à memória de Machado de Assis, o amor à inigualável obra machadiana. Os dois juristas, Lafayette e Pujol, se destacavam pela mesma dedicação, admiração e lealdade ao cuidado com que o Bruxo do Cosme Velho elaborava suas frases e como, ao fazê-lo, alçava as palavras e pensamentos a um nível raro de elegância, precisão, humor, argúcia e síntese dialética.

Não há como não falar em Machado de Assis ao tratar de Alfredo Pujol. A primeira biografia relevante do fundador da ABL foi a de Lúcia Miguel-Pereira, que deu vida a seu livro clássico em 1936, exatos 28 anos após a morte do incomparável homem de letras falecido em 1908. Mas quais foram as fontes de Lúcia ao pesquisar, escrever e publicar, aos 35 anos de idade, o seu clássico *Machado de Assis: Estudo Crítico e Biográfico*?

A resposta a tal indagação se encontra em ricas passagens e intervenções de José Veríssimo, de Araripe Júnior, do citado Lafayette Rodrigues Pereira e de alguns outros homens cultos de então, que se opuseram, com vigor, à postura crítica de destruição que Sílvio Romero, o mais notável historiador literário do começo do século passado, lançou sobre a obra machadiana.

Em outras palavras: quem, antes de Lúcia Miguel-Pereira, mergulhou fundo na vida e na obra de Joaquim Maria Machado de Assis? Quem é o verdadeiro precursor dos biógrafos machadianos, hoje, aliás, em número e qualidade igualmente respeitáveis?

Notícia biográfica

Na resposta a essa indagação chega-se, com encanto e alegria, a Alfredo Gustavo Pujol, nascido em 20 de março de 1865 em São João Marcos, no estado do Rio de Janeiro, cidade que foi depois inundada por uma represa da Light. Era filho do educador Hippolyte Gustave Pujol e de Maria Castro Pujol. Iniciou os estudos primários com o próprio pai e se transferiu para São Paulo, aos 21 anos de idade, onde concluiu os preparatórios e cursou a famosa Faculdade de Direito do Largo de São Francisco (fundada em 1827 e que veio a ser, posteriormente, incorporada à Universidade de São Paulo – USP). Durante o período de estudante, trabalhou como revisor e noticiarista de jornais, exercendo também o magistério particular.

Já como advogado, Alfredo Pujol distribuiu a sua atividade profissional no foro criminal e no cível, como era costume naqueles tempos (fim do século XIX, início do século XX). Tornaram-se notáveis algumas defesas por ele feitas no

Tribunal do Júri, na capital paulista e em outras cidades do interior do estado. No campo da advocacia cível, merece destaque sua atuação como consultor jurídico da tradicional Associação Comercial de São Paulo. Em paralelo à vida de advogado, a presença na imprensa constituiu sempre o seu fascínio, havendo colaborado com regularidade para jornais de São Paulo, como o *Diário Mercantil* e o "Estadão" (*O Estado de S. Paulo*), de Campinas e do Rio de Janeiro.

Pujol desenvolveu também uma respeitável carreira política, iniciada no histórico ano de 1888, quando cursava o terceiro ano de seu curso jurídico. Empolgado com a abolição da escravatura, triste mancha do Império, encetou, ao lado de Francisco Glicério, a propaganda republicana em Campinas, pronunciando discursos e conferências políticas de cunho antimonarquista.

No final do quarto ano da Faculdade de Direito, usufruiu a suprema felicidade de aplaudir a proclamação da República. Bacharelado em 1890, o Partido Republicano Paulista o elegeu deputado estadual em 1892, já na vigência de nossa primeira carta republicana, a Constituição Federal de 24 de fevereiro de 1891. Três anos depois, era nomeado Secretário do Interior e da Justiça, e dedicava-se à causa da melhoria do ensino. No quadriênio presidencial de Campos Sales (1902-1906), abandonou o mandato de deputado em virtude de divergências políticas. Em 1910, com 45 anos de idade, já bastante maduro profissional e politicamente, militou com ardor na célebre campanha civilista de Rui Barbosa, adversário do Marechal Hermes da Fonseca na disputa pela Presidência da República.

Alfredo Pujol se revelou, desde a juventude acadêmica, um orador de inigualáveis recursos. Vários de seus discursos como advogado, conferencista e político encontram-se publicados em folhetos e separatas.

Havia, porém, uma grande atração de intelectual na alma do advogado culto e brilhante: era a Literatura. Sua estreia literária se fez com um artigo sobre o romance *A Carne*, de Júlio Ribeiro, considerado como crítica porque ele soube distinguir da arte naturalista o objetivo de escândalo. Segundo Pujol, romances como *O Homem*, de Aluísio Azevedo, *A Carne*, de Júlio Ribeiro, e outros do gênero na Literatura Brasileira, na portuguesa e na francesa, não deveriam ser tratados como obras de arte. O artigo chamou a atenção do meio literário, porque revelava a sinceridade e a coragem do jovem crítico.

Além da presença na imprensa, Alfredo Pujol passou a dedicar-se a um gênero literário em voga, introduzido por Medeiros e Albuquerque e cultivado pelo grande poeta Olavo Bilac, por Coelho Neto e muitos outros escritores radicados no Rio e em São Paulo: a conferência literária.

As conferências machadianas

É precisamente aí que explode a paixão literária de Pujol, pois sua afinidade com os livros e a Literatura já o acompanhava desde a adolescência. Convidado pela Sociedade de Cultura Artística, a quase centenária entidade que iniciara suas atividades em 1912, na cidade de São Paulo, Alfredo Pujol, em série de sete conferências, pronunciadas ao longo de três anos (de 1915 a 1917), conquistou o mérito de tornar-se um pioneiro no estudo da vida e da obra do maior escritor brasileiro de todos os tempos. As conferências, posteriormente reunidas em volume, valeram-lhe também a consagração da própria Academia Brasileira de Letras e a glória de ser um dos primeiros estudiosos da trajetória pessoal e literária de Machado de Assis.

Na Academia, Pujol sucedeu a Lafayette Rodrigues Pereira, que, nas valorosas páginas de seu *Vindiciae*, respondera ao libelo antimachadiano de Sílvio Romero, mas, fisicamente debilitado, não pronunciou o tão esperado discurso de posse em que faria, de acordo com a praxe acadêmica, o elogio de seu monumental antecessor. Com as sete conferências na Sociedade de Cultura Artística, Alfredo Pujol não só se credenciou à vaga de Lafayette, mas também a ser recebido, na ABL, em sessão de 23 de julho de 1919, pelo Ministro Pedro Lessa, o mais importante magistrado brasileiro de sua época.

Na referida saudação a Alfredo Pujol, o Marshall brasileiro pronunciou discurso prenhe de inteligência, verve, erudição e, por último mas não menos importantes, admiração e respeito inexcedíveis pela vida e pela obra do novo acadêmico e de seus dois únicos e formidáveis antecessores, como atesta o trecho a seguir transcrito:

> Todos os louvores vos são devidos, a vós que fostes o iniciador deste culto que com o tempo há de crescer, dilatar-se, dominar todo o país que ele não conquistou quando vivo, porque não havia afinidade e aproximação entre o conquistador e o objeto de conquista; mas cada dia que passa vai sendo senhoreado pelo gênio do seu filho incomparável.

As sete estupendas conferências, fonte inspiradora de tantas páginas de boa literatura escritas sobre Machado de Assis, a partir de sua divulgação, tiveram início em 29 de novembro de 1915 e término em 16 de março de 1917 (a sétima e última). Entre elas, ocorreram as outras cinco, nas seguintes datas: 10 e 23 de dezembro de 1915, 29 de janeiro de 1916, 17 de março de 1916 e 15 de dezembro de 1916.

Antes de reproduzir, mais adiante, passagens antológicas de cada uma delas, cabe apresentar síntese de suas temáticas, revelando o trabalho infatigável de Alfredo Pujol na divulgação da obra machadiana, poucos anos após a morte do grande gênio das Letras nacionais e quando o impacto da crítica negativa de Sílvio Romero ainda se fazia ouvir no ambiente cultural de nosso país.

Na conferência que deu início ao memorável ciclo de palestras na Sociedade de Cultura Artística, realizada em 29 de novembro de 1915, Alfredo Pujol descreveu a infância, adolescência e a juventude de Machado de Assis, seus primeiros escritos, seu trabalho como aprendiz de tipógrafo e depois revisor na Imprensa Nacional, e seu ingresso no Jornalismo, nas páginas do *Diário do Rio de Janeiro*. Apresenta-nos o meio político e literário do Império, que Machado adentra no início da segunda metade do século XIX. Somos, ainda na primeira conferência, chamados a conhecer os protetores e os amigos do Bruxo, com especial destaque para o livreiro Francisco de Paula Brito. Finalmente, somos introduzidos à poesia de *Crisálidas* (1864), *Falenas* (1870) e *Americanas* (1875).

Cerca de duas semanas depois da primeira palestra, Pujol proferiu, em 10 de dezembro de 1915, sua segunda conferência. Nela, tratou, com extraordinário cuidado, dos contos e dos romances da primeira fase (romântica) da obra imortal de Machado de Assis: *Contos Fluminenses* (1870); *Histórias da Meia-Noite* (1873); *Ressurreição* (1872); *A Mão e a Luva* (1874); *Helena* (1876); e *Iaiá Garcia* (1878).

Mais duas semanas de intervalo e lá estava Pujol de novo na Sociedade de Cultura Artística, pronunciando, em 23 de dezembro de 1915, a terceira conferência de seu precioso curso literário. Nela, versou o tema da nova estética machadiana, inaugurada com a publicação, em 1881, do insuperável romance *Memórias Póstumas de Brás Cubas*.

A quarta conferência, já realizada em 1916, mais precisamente no dia 29 de janeiro, foi dedicada aos contos da segunda fase (realista) de Machado, reunidos em volumes intitulados *Papéis Avulsos* (1882), *Histórias sem Data* (1884), *Várias Histórias* (1896) e *Páginas Recolhidas* (1899).

Em 17 de março de 1916, Pujol proferiu a quinta conferência, com ênfase nos romances em que Machado de Assis abre espaços para as questões psicológicas dos personagens, retratando com fina maestria as características do realismo literário. Em *Quincas Borba* (1891), *Dom Casmurro* (1899) e

Esaú e Jacó (1904), Machado faz uma análise profunda e realista do ser humano, destacando suas vontades, necessidades, defeitos e qualidades.

Após um longo interregno de nove meses, Alfredo Pujol pronunciou, em 15 de dezembro de 1916, a sexta e penúltima palestra da irretocável série, brindando o público presente à Sociedade de Cultura Artística com sua visão de Machado de Assis como crítico e cronista, atividades que o inimitável escritor desempenhou durante várias décadas, ininterruptamente.

O canto do cisne das conferências de Pujol ocorreu em 16 de março de 1917, quando o brilhante advogado tratou dos últimos livros de Machado: *Relíquias de Casa Velha* (1906), reunião de escritos de natureza vária, inclusive poesia, e o derradeiro romance, por muitos considerado autobiográfico, *Memorial de Aires* (1908). Cuidou, também, de *Poesias Completas* (1901), que inclui *Ocidentais*, de bela feição parnasiana. Desse livro, Pujol ressalta a alta qualidade de poemas como "O Desfecho"; "Círculo Vicioso"; "Uma Criatura"; "A Artur de Oliveira, Enfermo"; "A Mosca Azul" e "No Alto". Todos são representativos de uma corrente em que prevalecia a predileção pela forma fixa (soneto, vilancete, balada, pantum etc.) e que foi liderada, entre nós, por poetas da estatura exponencial de Alberto de Oliveira, Raimundo Correia e Olavo Bilac, a chamada "trinda-de" do Parnasianismo brasileiro.

Alfredo Pujol observa que a poesia de Machado de Assis, notadamente as *Ocidentais*, se caracterizava pela correção mé-trica e gramatical; pela ausência de sentimentalismo (mas não de sentimento); pelo *mot juste*, a palavra exata; pela devoção aos poemas descritivos e/ou narrativos; pelo uso do alexandrino clássico (o que nem sempre foi seguido); pela variação dos ictos do decassílabo; pelo apreço à rima (raros poemas em versos brancos); pela exaltação do amor (que é de todas as correntes, mas deu algumas obras-primas ao nosso Parnasianismo); e pelo fluir do tempo (também presente em outros movimentos, mas construindo a parte mais pungente da obra final de uma legião de poetas parnasianos). Tudo isso marcou, nitidamente, a obra poética mais importante do parnasiano Machado de Assis.

Na palestra final do septeto, Pujol recordou ainda a mor-te de Machado de Assis, cercado de alguns de seus amigos mais queridos, como Mário de Alencar e Euclides da Cunha, no sobrado da Rua Cosme Velho, 18. Machado estava viúvo de Carolina Xavier de Novaes desde 1904, fato que o entris-tecia imensamente e deve ter contribuído para o agravamen-to do câncer que acabou por matá-lo em 29 de setembro de 1908.

Além das fundamentais palestras machadianas, de 1915, 1916 e 1917, reunidas em volume que já mereceu algumas reedições, Alfredo Pujol publicou trabalhos de natureza política, jurídica e de interesse geral, como, por exemplo, *Mocidade e Poesia*, conferência sem data. Discursos de 1894 e 1895 intitularam-se, respectivamente, "Homenagem à Memória de Sadi Carnot e Floriano Peixoto". *O Direito na Confederação* é obra de 1898. Em 1908, ano da morte de Machado de Assis, Pujol deu a lume duas obras de caráter jurídico: *Manual de Audiências*, em colaboração com Eugênio Egas, e *Processos Criminais*.

O ensaio, já mencionado, que lhe revelou a refinada veia literária, sobre o romance *A Carne*, de Júlio Ribeiro, foi publicado no n.º 23 da importante *Revista do Brasil*, que circulava nos mais sofisticados ambientes intelectuais daquele tempo.

Homem cultíssimo, Alfredo Pujol se sobressaiu também como um dos grandes bibliófilos de sua época. A magnífica biblioteca particular que construiu, composta de cerca de 15 mil volumes, era enriquecida nas viagens que costumava fazer à Europa, onde frequentava livrarias e sebos de reconhecido prestígio, aos quais dedicava boa parte de seu lazer de viajante impregnado de genuína curiosidade intelectual e científica.

Digno de especial registro, ao falar-se da formidável biblioteca pessoal de Alfredo Pujol, é o fato de que foi com a aquisição dela que José Olympio Pereira Filho iniciou sua impressionante vida de livreiro e editor, um dos mais poderosos e admirados do Brasil. É que, com a morte de Pujol, o acervo livresco do advogado e bibliófilo foi posto à venda, apresentando-se José Olympio, então um jovem vendedor da Livraria Garraux, em São Paulo, como candidato à compra. Sem recursos para fazer frente ao valor pretendido pelo espólio de Alfredo Pujol, JO (como ficaria sobejamente conhecido no meio literário brasileiro) solicitou empréstimo a um de seus clientes preferenciais, o Acadêmico e Ministro José Carlos de Macedo Soares.

De posse da importância exigida para a consumação do negócio, Olympio sacramentou a almejada aquisição e iniciou empreendimento que viria a marcar a vida cultural e editorial brasileira por sucessivas décadas do século passado.

Além da vinculação *post mortem* com a fundação da Livraria José Olympio, Alfredo Pujol teve participação, como advogado da ABL, no inventário dos bens do livreiro Francisco Alves, localizados em São Paulo. Alves seria justamente reconhecido e louvado como generoso benfeitor da Casa de Machado de Assis.

No plano da vivência cultural de ordem institucional, Pujol integrou, além da Academia Brasileira de Letras, a Academia Paulista de Letras e o Instituto Histórico e Geográfico Brasileiro, entidades de inquestionável e duradouro prestígio.

Conclusão

Alfredo Pujol, advogado, político, bibliófilo e, acima de tudo, divulgador machadiano de primeira hora, faleceu na capital paulista em 20 de maio de 1930, aos 65 anos de idade. Foi sucedido na Cadeira 23 da ABL pelo político baiano Otávio Mangabeira.

O principal legado de Pujol é o da paixão e do amor aos livros, com evidente destaque para a obra de seu ídolo Machado de Assis, que leu e releu incontáveis vezes. Ao dividir a essência de sua existência entre a Advocacia e a Literatura, Alfredo Pujol lidou, ao mesmo tempo e ao longo de notáveis 40 anos, com a liberdade e a palavra, valores comuns às duas nobres atividades. No foro criminal, o bem jurídico tutelado é a liberdade do ser humano, que precisa ser protegida e defendida, até o último recurso legalmente cabível e possível, por meio da palavra do advogado, que a utiliza como instrumento crucial a seu elevado mister.

Na Literatura, a Arte respira liberdade, elemento rigorosamente indispensável ao processo de criação e à consagração da expressão literária, fontes de afirmação do homem como indivíduo na espécie e pessoa no convívio. Tal afirmação, semelhantemente ao que ocorre na Advocacia, se dá pelo uso da palavra, bem supremo cuja permanente exaltação é dever inalienável da humanidade.

ANTOLOGIA

Para ilustrar a forte presença de Alfredo Pujol na Literatura Brasileira, é praticamente intuitivo que uma seleção de sua obra seja extraída de seu *Curso Literário em Sete Conferências na Sociedade de Cultura Artística de São Paulo*. A edição mais recente resultou de parceria, datada de 2007, da Academia Brasileira de Letras com a Imprensa Oficial do Estado de São Paulo, antecipando-se, em um ano, às comemorações que a ABL promoveu em 2008 pelo centenário da morte de Machado de Assis.

Em singela página introdutória intitulada "Ao Leitor", Pujol abre a edição de seu *Curso* afirmando, com humildade de leitor respeitoso e consciência de intelectual sério, que

> [...] o estudo documentado da vida e da obra do Mestre ainda não se fez. Estou longe de supor que seja eu quem o faça. O que vou talvez fazer é desbravar o caminho para a futura glorificação de Machado de Assis. Dessa missão há de incumbir-se quem tiver a capacidade e os recursos que me falecem.

A excessiva modéstia no tocante à qualidade da investigação que resultou nas sete conferências é atestada pelas páginas que seguem, extraídas de todas elas, como indicado na devida ordem de apresentação.

Primeira Conferência
(29 de novembro de 1915)*

Adolescência e Mocidade.
Seus Primeiros Escritos.
Seus Protetores e Seus Amigos.
Crisálidas. Falenas. Americanas

Numa pobre habitação de agregados, dependência de antiga chácara do Morro do Livramento, na cidade do Rio de Janeiro, nasceu a 21 de junho de 1839 Joaquim Maria Machado de Assis, filho de um casal de gente de cor, Francisco José de Assis e Maria Leopoldina Machado de Assis. Era o pai humilde operário, pintor de casas. A mãe, nas horas que podia distrair dos cuidados da família, granjeava alguma ocupação nos serviços domésticos do senhorio, para acrescentar um pouco de ajuda ao escasso mealheiro do casal. Joaquim Maria teve uma infância quieta e simples, sem os regalos e os prazeres das crianças felizes, mas, ainda assim, contente da sua quietação e da sua simplicidade. Brincava no morro, a caçar ninhos de

---

* *In: Machado de Assis* (Curso Literário em Sete Conferências na Sociedade de Cultura Artística de São Paulo). Rio de Janeiro: Academia Brasileira de Letras; São Paulo: Imprensa Oficial do Estado de São Paulo, 2007, pp. 3-47.

pássaros, ou divertia-se nas praias fronteiras, onde vinham abicar todas as manhãs canoas carregadas de frutos, colhidos nos pomares do litoral e das ilhas vizinhas. Não teve por certo muitos companheiros de folgança, no bairro mal habitado em que vivia, porque desde pequeno costumava fechar-se dentro de si próprio, na reserva e no recato que sempre guardou em toda a sua vida. Aprendeu a ler, escrever e contar em escola pública, talvez aquela mesma escola da Rua do Costa, de que nos fala num dos seus contos, "um sobradinho de grade de pau", onde aparecia o mestre "em chinelas de cordovão, com a jaqueta de brim lavada e desbotada, calça branca e tesa, e grande colarinho caído", vendo-se a palmatória pendurada da janela, "com os seus cinco olhos do diabo"... Faltava-lhe o pajem escravo, que seguia da casa à escola os meninos ricos, "amimados, asseados e enfeitados", mas a vadiação os nivelava a todos, quando, ricos e pobres, com a cumplicidade de algum pajem peralta, gazeavam a aula, preferindo arruar, à toa, no Campo de Santana, "espaço rústico mais ou menos infinito, alastrado de lavadeiras, capim e burros soltos".

Saído da escola pública, Joaquim Maria teve por preceptor o padre-mestre Silveira Sarmento, e andou ocupado algum tempo no suave ofício de sacristão da Igreja da Lampadosa. É de crer que sua mãe, alma simples, piedosa e cristã, tivesse influído para que lhe dessem aquele emprego. O espírito juvenil de Joaquim Maria encheu-se logo de uma harmoniosa impressão de religiosidade; exaltou-a, num excelso deslumbramento, o célebre sermão de S. Pedro de Alcântara, que a instâncias do Imperador pregou na Capela Imperial, em 1854, o sábio franciscano Monte Alverne, que a cegueira desde longos anos trazia arredado da tribuna sagrada. Os primeiros ensaios literários do sacristão da Lampadosa revelam claramente aquela tendência para o trato das coisas divinas. É seu um estudo sobre o grande panegirista de S. Pedro de Alcântara, dado à luz em 1856. São seus uns versos, publicados na semana santa de 1858, e dedicados ao padre-mestre Silveira Sarmento – "A Morte no Calvário". A poesia é longa. Escutai algumas estrofes:

> Ei-lo, vai sobre o alto do Calvário
> Morrer piedoso e calmo em uma cruz!
> Povos! Naquele fúnebre sudário
> Envolto vai um sol de eterna luz!
>
> Ali, toda descansa a humanidade.
> É o seu salvador, o seu Moisés!
> Aquela cruz é o sol da liberdade,
> Ante o qual são iguais povos e reis!
>
> ....

Vede! Mana-lhe o sangue das feridas
Como o preço da nossa redenção...
Ide banhar os braços parricidas
Nas águas desse fúnebre Jordão!

Bem cedo perdeu Joaquim Maria sua mãe e sua única irmã.
A ambas chorou em sentidas estâncias, que são talvez os primeiros versos que compôs. Só vieram a lume mais tarde, em 1856.
Versos simples e ingênuos, embebidos no lirismo sentimental que então dominava a poesia. Recordando a irmãzinha morta:

Esse invólucro mundano
Trocaste por outro véu;
Deste negro pego insano
Não sofreste o menos dano,
que tua alma era do céu...

E depois:

Se devo ter no peito uma lembrança,
É dela, que os meus sonhos de criança
Dourou: é minha mãe.

Se dentro de meu peito macilento,
O fogo da saudade me arde lento,

E dela: minha mãe.

Tendo o pai contraído novas núpcias, mal chegando para a subsistência do casal os salários do modesto ofício em que se empregava Francisco José de Assis, viu-se o triste adolescente face a face com a bruteza áspera da vida e o enigma inquietador do seu destino. Encarou resolutamente as hostilidades destrutivas do meio em que, solitário e ignorado, despertava assim para a conquista do seu futuro; reagiu contra o seu próprio temperamento, submisso e retraído, espantado e confuso... Com afinco lidou por aprender, agarrado aos livros dia e noite. Como Stendhal, que devia ser mais tarde um dos modelos do seu espírito, encontrou na leitura a doce consolação da sua alma assustada e medrosa, a consciência da sua elevação mental e a estrada luminosa da sua irresistível vocação literária...

Uma vontade forte dominou os seus primeiros passos na vida. A continuidade desse esforço revela-se na firmeza da sua conduta moral, vencendo, naquela aparência de timidez e indecisão, as horas perturbadoras das desilusões e dos desenganos, e criando, através de todos os obstáculos, uma personalidade de rara nobreza.

[...]

Segunda Conferência
(10 de dezembro de 1915)*

Os Contos e os Romances da sua Primeira Fase:
Contos Fluminenses. Histórias da Meia-Noite. Ressurreição.
A Mão e a Luva. Helena. Iaiá Garcia

A política liberal tinha dispersado, em 1866, a famosa redação do *Diário do Rio de Janeiro*. Saldanha Marinho, chamado a presidir a província de Minas, levara como seu secretário Henrique César Muzzio. Quintino Bocaiuva partira em comissão para os Estados Unidos. Machado de Assis ficava isolado na direção da folha, com todo o peso do trabalho sobre os seus ombros. Teve de escrever artigos políticos, vencendo a sua natural aversão a esse gênero da Literatura... Não deviam ser maus aqueles artigos, porque o proprietário do jornal, Sebastião Gomes da Silva Belfort, sempre que os publicava Machado de Assis, costumava visitar os ministros e deputados, inculcando-se autor dos editoriais e recebendo por toda a parte felicitações e cumprimentos... Apesar das glórias literárias

---

* *In: Machado de Assis* (Curso Literário em Sete Conferências na Sociedade de Cultura Artística de São Paulo). Rio de Janeiro: Academia Brasileira de Letras; São Paulo: Imprensa Oficial do Estado de São Paulo, 2007, pp. 51-88.

que lhes assegurava a pena de Machado de Assis, Sebastião Gomes da Silva Belfort retribuía miseravelmente o esforço do jornalista, que muitas vezes teve por único alimento do dia o almocinho clássico de café com leite e pão torrado no *Carceller* ou no *Café Braguinha*. Era grande gala, quando o vago ordenado de Machado de Assis lhe permitia uma ceia no Hotel da Europa, cuja fama culinária igualava à da célebre *Saleta de Pasto de Perpétua Mineira*, que floresceu no tempo do primeiro Imperador. Não teve menos voga, no segundo império, o *Carceller*, cuja lembrança foi preservada por Joaquim Manuel de Macedo nas *Memórias da Rua do Ouvidor*. Muitos estadistas iam ali tomar as suas refeições e jogar as paciências. Conta-se mesmo que do *Carceller* saíram algumas combinações ministeriais.

Não pôde Machado de Assis tolerar por muito tempo o *regimen*, às vezes aproximado do jejum, a que o obrigava a empresa do *Diário do Rio de Janeiro*... Veio libertá-lo da odiosa exploração o despacho, firmado por Zacarias de Góis e Vasconcelos, a 9 de abril de 1867, que o nomeava auxiliar da redação do *Diário Oficial*. Era a fortuna, que sorria a Machado de Assis com todas as suas graças, bastando à sua limitada ambição, tal como naqueles versos de Joséphin Soulary:

Tiens-toi debout devant le soleil que se lève:
Aussi loin que ton ombre ira sur le gazon,
Aussi loin je m'en vais tracer mon horizon.

Não tardou muito que Machado de Assis realizasse os votos do seu coração. Frequentando a casa do Conde de S. Mamede, no Cosme Velho, ali conheceu uma senhora portuguesa inteligente e instruída, por quem se apaixonou perdidamente. Era D. Carolina Augusta Xavier de Novaes, irmã do poeta satírico Faustino Xavier de Novaes, que tão alta reputação conquistara em Portugal e no Brasil pela graça e pela intrepidez com que vergastava os ridículos da sua época.

Machado de Assis casou-se com aquela senhora a 12 de novembro de 1869, e desde então, até a morte da companheira querida, a sua vida conjugal foi um noivado perpétuo, orvalhado de suave e serena aventura. Em 1873 foi nomeado oficial da Secretaria da Agricultura, Comércio e Obras Públicas, e desse emprego subiu a mais altos cargos no mesmo ministério, onde a moléstia e a morte o foram buscar. Podendo aposentar-se, com vencimentos suficientes para a manutenção de uma casa sempre recatada e modesta, preferiu a glória do trabalho até o momento em que o prostrou a enfermidade fatal.

Valeu-lhe o emprego a segurança de recursos com que pôde tranquilamente realizar a sua vocação e completar uma obra, que há de ser o maior padrão da nossa cultura literária. "Honradamente conquistou o seu lugar ao sol", dizia dele Artur Barreiros; "para se tornar ilustre e amado, não precisou de trepar para o carro de dentista em pleno vento, e fixar sobre si a curiosidade das ruas ao som estridente dos cornetins de feira, ao desalmado rufar das caixas e dos tambores". "Subiu serenamente, sem acotovelar ninguém", costumava dizer da sua fulgurante carreira de escritor um dos seus melhores amigos, Ferreira de Araújo. Foi uma vida quieta, sem paixões, sem lutas, sem invejas, toda voltada para o seu dever e para a sua Arte, indiferente às ambições de qualquer natureza. Não houve funcionário que o excedesse na disciplina e na obediência. Pode-se dizer dele o que disse Joaquim Nabuco de outro raro exemplar de homem, Sousa Correia:

> Tudo o que fazia era em cumprimento do seu dever, e isto lhe bastava. Tinha a têmpera e o temperamento dos funcionários de escola, que só ambicionavam a aprovação dos seus superiores, e para quem todo o desejo ou pensamento de notoriedade, qualquer preocupação de aplauso externo, tudo o que quebrava o caráter impessoal, uniforme e anônimo do serviço público era já indisciplina.

Assim era Machado de Assis. Excessivo escrúpulo, conduta reservada e discreta, probidade sem mácula. Referiu-me Francisco Glicério, que foi, como se sabe, ministro da Agricultura no Governo provisório, que muitas vezes Machado de Assis, querendo falar-lhe em seu gabinete, detinha-se por detrás do reposteiro, batendo timidamente com os pés no soalho, de maneira que o ministro pudesse dar pela sua presença e o chamasse para junto de si. Então, desfazendo-se em mesuras e cortesias, expunha ao seu superior a matéria de serviço submetida ao seu exame.

Contava Artur Azevedo (é Mário de Alencar quem refere a anedota) que uma vez um interessado em negócio da Secretaria da Indústria procurara Machado de Assis para falar sobre o respectivo papel, pendente de sua informação. Machado de Assis disse-lhe o que julgava e era contrário à petição; a pessoa insistiu e, não se conformando à réplica, discorreu sobre o assunto. Machado de Assis ouviu-o calado e atento, e, ao cabo, ergueu-se, convidou-o a sentar-se à secretária e, quando o viu sentado, delicadamente lhe disse: "O sr. diretor tenha a bondade de lavrar o parecer." Só então o pretendente deu pela sua inconveniência e abalou.

Não o incomodou a pobreza, nem jamais lhe deram cuidado os proventos que lhe pudessem vir de seus livros. Fazia-os por vocação irresistível e pelo nobre e puro amor da arte. Não lhe foi preciso nunca aparentar uma fingida opulência, como o autor de *L'Amour Impossible*... Quando, uma vez, François Coppée e Paul Bourget, apenas saídos do colégio, foram visitar Barbey d'Aurevilly em seu pobre quarto da rua Rousselet, o célebre romancista, com a sua vistosa gravata de renda e os seus punhos de mosqueteiro, justificava aos dois adolescentes, numa deliciosa mentira, a nudez dos seus aposentos: "Mandei os meus móveis e as minhas tapeçarias para uma casa de campo..." Não havia casa de campo, nem tapeçaria, nem móveis!

No seu lar, onde encontrou a perfeita felicidade que sonhara, manteve Machado de Assis o mesmo teor de vida, que guardara enquanto solteiro, e que lhe era imposto pela sua excessiva timidez e pela sua nativa simplicidade. Os seus mais queridos amigos, os da adolescência, como Ernesto Cybrão e Ramos Paz, os mais novos, como José Veríssimo, Mário de Alencar, Magalhães de Azeredo, Olavo Bilac, Euclides da Cunha, nunca entraram na sua sala de trabalho. Só depois da sua morte puderam ver o quarto singelo e pobre em que produziu tantas criações da sua Arte incomparável e eterna, a sua mesa de escrita, os seus livros, os retratos de Stendhal, Mérimée, Flaubert e Schopenhauer, que tinha diante dos olhos...

[...]

ALFREDO PUJOL

Terceira Conferência
(23 de dezembro de 1915)*

Sua Nova Estética:
Memórias Póstumas de Brás Cubas

Com as *Memórias Póstumas de Brás Cubas,* inicia-se a segunda fase da evolução literária de Machado de Assis, que opulentou o nosso patrimônio de arte com uma fulgurante galeria de obras-primas.

O último livro da sua primeira fase, *Iaiá Garcia,* embora ainda envolto nas névoas do Romantismo, pode-se considerar o documento flagrante da sua transição. Como bem ponderou o eminente crítico José Veríssimo, a misantropia de Machado de Assis já se reflete em algumas páginas sombrias daquele romance, realçada por um raro sentimento de bom gosto, tato e distinção, e revelada por alguns conceitos finos e penetrantes, em que se resume às vezes uma situação d'alma ou um caráter, embora o abuso da metáfora escureça aqui e ali a originalidade e o imprevisto do pensamento.

Era então o período decisivo, em que o escritor procurava a fórmula em que modelasse os seus ideais, criando a sua per-

---

* *In: Machado de Assis* (Curso Literário em Sete Conferências na Sociedade de Cultura Artística de São Paulo). Rio de Janeiro: Academia Brasileira de Letras; São Paulo: Imprensa Oficial do Estado de São Paulo, 2007, pp. 91-133.

sonalidade artística. "Dois fatores novos atuavam-lhe no espírito", observa Mário de Alencar:

> o aparecimento, ou agravação, do mal físico incurável e o êxito do Naturalismo de Zola e seus discípulos; o mal físico toldou de pessimismo a sua visão da natureza; o Naturalismo influiu, por feito de reação, sobre o seu processo estético.

O influxo do Naturalismo manifestou-se em Machado de Assis exclusivamente na sua feição exterior, ou melhor, no processo de observação e de expressão. A escola realista, com os seus excessos e as suas torpezas, repugnava à sensibilidade do autor de *Quincas Borba*. Zola irritava-o com a sua obscenidade e com o aviltamento e a baixeza dos seus personagens.

Quando apareceram os primeiros romances realistas na língua portuguesa, *O Crime do Padre Amaro* e *O Primo Basílio*, de Eça de Queirós, Machado de Assis revoltou-se contra aquele realismo "sem rebuço, sem atenuações, sem melindres", "reprodução fotográfica e servil das coisas mínimas e ignóbeis".

"Pela primeira vez", escreveu ele a propósito de *O Crime do Padre Amaro*, "aparecia um livro em que o escuso e o torpe eram tratados com um carinho minucioso e relacionados com uma exação de inventário." Machado de Assis aceitava em termos o processo do Naturalismo; o que detestava era a excessiva grosseria da escola:

> O sr. Eça de Queirós não quer ser realista mitigado, mas intenso e completo; e daí vem que o tom carregado das tintas, que nos assusta, para ele é simplesmente o tom próprio. Dado, porém, que a doutrina do sr. Eça de Queirós fosse verdadeira, ainda assim cumpria não acumular tanto as cores, nem acentuar tanto as linhas; e quem o diz é o próprio chefe da escola, de quem li, há pouco, e não sem pasmo, que o perigo do movimento realista é haver quem suponha que o traço grosso é o traço exato.

E mais adiante:

> Não peço, decerto, os estafados retratos do Romantismo decadente; pelo contrário, alguma coisa há no Realismo que pode ser colhido em proveito da imaginação e da Arte. Mas sair de um excesso para cair noutro não é regenerar nada: é trocar o agente da corrupção.

Aí está, nessas rápidas linhas, a noção precisa da maneira como o Naturalismo interveio na nova formação estética de Machado de Assis.

Tinha 40 anos o novelista de *Iaiá Garcia* quando se desprendeu das últimas cadeias do Romantismo. A sua cultura era então das mais sólidas e completas. Embebido na serena beleza antiga, encontrava na arte helênica a perfeita conformidade com as tendências de seu espírito. Era um Luciano de Samosate, nascido e criado em pleno século XIX, no Morro do Livramento, no bairro dos marujos e das quitandeiras, dos catraieiros e dos pretos do ganho... Tinha o mesmo espírito fino e cáustico, o mesmo engenho e as mesmas graças, a mesma elegância e a mesma concisão, o mesmo ceticismo sorridente e a mesma tolerância melancólica, o mesmo horror dos sistemas e das hipocrisias, que fizeram do autor dos *Diálogos dos Mortos* a mais completa encarnação do espírito crítico da Decadência. "*Lucien nous apparaît*", escreve Renan, "*comme un sage égaré dans un monde de fous; il ne hait rien, il rit de tout, excepté de la sérieuse vertu.*"

Machado de Assis, com a extrema originalidade que o caracteriza, não sofreu a ação ambiente da sua época; superior ao seu tempo, viveu a vida interior do pensamento, criando com carinho a obra extraordinária, de rara unidade, e de sedutora beleza, que é o monumento mais perfeito e mais sólido das nossas letras.

Na formação do seu espírito, a par dos autores gregos, e pelo que se pode inferir dos seus escritos e da tradição recolhida pelos que com ele privaram, tiveram primazia Rabelais e Montaigne, Shakespeare e Cervantes, Stendhal e Merimée, Swift e Sterne, e, na orientação filosófica, Schopenhauer.

O trato da Literatura helênica desvendara a seus olhos a perfeição imortal, que Péricles resumia nestas palavras: "graça e simplicidade." O aticismo, com a sua pureza luminosa, com o seu ritmo suave, com a sua razão serena, com a sua ironia alada, imprimiu à imaginação de Machado de Assis um encanto e uma doçura de que ainda não dera cópia a nossa escassa produção literária.

Rabelais forneceu-lhe o modelo de um ceticismo comedido, naquele século trágico e heroico, de intolerância e fanatismo, e mostrou-lhe em *Pantagruel* a imagem de uma alma generosa e irônica, atormentada pelas violências e pelas misérias do seu tempo.

O contato de Montaigne, pensador da Renascença, absorvido pela Antiguidade, comunicou-lhe o instinto de moderação e o senso profundo da vida, que constituem toda a sabedoria do autor dos *Essais*.

Shakespeare maravilhou-o com a sua formidável análise das paixões humanas. "É o poeta das criações individuais", diz Paul Stapfer; "não discute, não moraliza à maneira dos filósofos; faz viver os caracteres." "Sua obra", diz Paul de Saint-Victor, "contém todos os séculos." Shakespeare exprimiu todos os segredos do coração humano e resolveu todos os arcanos da realidade da vida. Fez vibrar todas as cordas da alma, desde o amor de Julieta e Romeu, idealizado entre as flores do balcão de Verona, até a sublime resignação de Cordélia, desde a perfídia inflexível e fria de Lady Macbeth até o doce sacrifício de Desdêmona, desde o desespero ululante e a loucura de Lear até a reflexão e a dúvida de Hamlet, desfibrando a fatalidade das coisas e as leis impassíveis da Natureza, e devassando os profundos abismos da vida emotiva do homem...

Cervantes aponta-lhe, na sua triste filosofia, a irreparável ruína das ilusões, o terrível destino da condição humana, o eterno contraste entre a vida heroica e a vida vulgar, entre o sonho e a realidade, entre o sacrifício e o egoísmo, entre a bravura e a submissão, entre a piedade e a indiferença...

Stendhal é, como Machado de Assis, um solitário. Isolado no seu pobre quarto de Paris, triste adolescente, sonhador e selvagem, sua alma nutria-se de profunda nostalgia e de amargas desilusões. Tal como o autor das *Memórias Póstumas de Brás Cubas*, nos seus dias turvos de pobre tipógrafo e revisor de provas, Stendhal despertou para a mocidade entre aspirações fugitivas, decepções cruéis e duros sofrimentos; mas, através de todas as tormentas, soube preservar a sua personalidade e extrair da sua própria vida a singular inspiração da sua obra. As privações e os desenganos fizeram vibrar a sua sensibilidade, apurando o seu espírito de análise e de crítica, na dissecação das ações humanas. A sua visão pessoal da vida foi a criadora dessa obra admirável de psicologia, que Taine considerava a maior dos tempos modernos, rutilante de verdade e de clareza, e repassada de compadecida ternura, por entre o travo de uma intensa melancolia.

Mérimée é um Stendhal mais frio e mais cruel na análise das paixões. *"D'émotions, il affecte de n'en éprouver aucune"*, dizia dele o Conde d'Haussonville, num curioso estudo da sua correspondência.

> *Il se désintéresse en quelque sorte de son récit et des impressions par lesquelles il fait passer ses lecteurs, sans avoir pour eux aucune pitié et sans leur faire grace d'aucune sensation pénible. Non seulement il demeure systématiquement étranger à leurs mouvements, mais il prend un mâlin plaisir à les contrarier et à les combattre. Au moment où l'émotion est la plus vive, où elle va en quelque sorte éclater, une phrase, un mot, un je ne sais quoi dans le ton vous avertit de ne point vous attendrir ni vous indigner si fort.*

D'Haussonville condena este singular processo de composição literária, que arreda a simpatia emocional entre o escritor e o leitor, porém esquece que nele reside precisamente uma das feições mais características do humorismo.

[...]

Quarta Conferência
(29 de janeiro de 1916)*

Os Contos da Sua Segunda Fase:
Papéis Avulsos. Histórias sem Data.
Várias Histórias. Páginas Recolhidas

No seu famoso estudo sobre *A Nova Geração*, publicado em 1879, na *Revista Brasileira*, referia-se Machado de Assis a um espírito novo e forte, que animava a plêiade dos poetas daquele tempo, "viçosa e galharda, cheia de fervor e convicção", educada sob a influência das modernas teorias científicas e sacudida pela explosão do Naturalismo. A musa romântica expirava, sufocada no seu subjetivismo convencional. Teófilo Dias, nos *Cantos Tropicais*, forceja por "despir as vestes primeiras". Nas suas estrofes, como nas *Telas Sonantes*, de Afonso Celso, despontam as harmonias e as claridades que abriram o roteiro à poesia nova. Vêm, logo a seguir, os *Sonetos e Rimas*, de Luís Guimarães Júnior, as *Fanfarras*, do mesmo Teófilo Dias, e as *Sinfonias*, de

---

* *In: Machado de Assis* (Curso Literário em Sete Conferências na Sociedade de Cultura Artística de São Paulo). Rio de Janeiro: Academia Brasileira de Letras; São Paulo: Imprensa Oficial do Estado de São Paulo, 2007, pp. 137-183.

Raimundo Correia. São os parnasianos que começam a oficiar na igreja de Banville e de Leconte, adorando a plástica do verso...

Pode-se dizer que a mesma tendência de renovação e de perfeição se revelava entre os prosadores, no conto e no romance. A prosa de imaginação e de ficção cedia o passo à de observação e de análise, impondo a precisão do vocábulo e a clareza da frase, segundo os preceitos fundamentais da nova escola. Era por esse tempo a *Gazeta de Notícias* o maior centro de irradiação literária no Brasil. Ramalho Ortigão e Eça de Queirós, que desde 1871 nos mandavam de Lisboa os panfletos vibrantes e luminosos d'*As Farpas*, colaboravam assiduamente na folha fluminense: Ramalho, com as *Cartas Portuguesas* e as *Notas de Viagem*; Eça de Queirós, glorificado pelo êxito enorme d'*O Primo Basílio*, com as *Cartas da Inglaterra*. Guilherme de Azevedo, nas suas Cartas de Paris, dava-nos o mais fino e gracioso modelo do comentário irônico da vida. E, ao lado dos três prosadores de ultramar, fulgurava na *Gazeta de Notícias* a mais bela constelação de espíritos novos, que ainda se reuniram sob o mesmo teto em nossas letras: Ferreira de Araújo, a mais completa vocação de jornalista que já tivemos, escrevendo, ao mesmo tempo, a crônica política, sensata, persuasiva e tolerante, o conto, esmaltado de malícia e de ironia, e a nota viva, colorida, risonha e mordaz do fato diário, nas *Balas de Estalo*, de Lulu Sênior; Capistrano de Abreu, com os seus valiosos e pacientes estudos de investigação histórica; Ferreira de Meneses, nos seus inimitáveis folhetins; José do Patrocínio, que tinha redigido em 1875, com Dermeval da Fonseca, o panfleto *Os Ferrões*, à maneira de *As Farpas*, e que, sob o pseudônimo Prudhomme, na *Semana Parlamentar*, fazia a crítica dos sucessos políticos, numa frase breve, incisiva e cortante; Valentim Magalhães, com os melhores contos da sua lavra, justamente os que hão de perdurar, da sua obra vária, desigual, apressada e nervosa; França Júnior, o folhetinista célebre, observador superficial das feições cômicas da sociedade, sem agudeza de análise, fazendo humorismo ao alcance de todos, aquele humorismo de *foyer*, a que aludia Gabriel de Lautrec, comentando os contos de Mark Twain: caricaturas da vida familiar, ridículos dos homens e das modas, fotografias de tipos burlescos, – gênero literário que foi mais tarde o de Artur Azevedo e Urbano Duarte; Aluísio Azevedo, que seria um dos nossos contistas mais perfeitos se tivesse o cuidado da forma, tão essencial ao conto, mas que nos legou, em larga compensação, dois romances, hoje de todo esquecidos, que honrariam qualquer literatura, *Casa de Pensão* e *O Cortiço*, onde resgatou as falhas do estilo com a pesquisa exata e minuciosa do documento humano; Raul Pompeia, que estreara em 1880 com a novela *Uma Tragédia no Amazonas*, e que escrevia, oito anos depois, esse livro maravilhoso de sátira e de ternura – *O Ateneu*, que há de bastar à glória imperecível do seu nome, quando não seja preservada a sua obra dispersa nas folhas volantes da imprensa diária, obra de artista e de psicólogo, irmão mais novo dos Goncourt, como apropriadamente lhe chamou Lúcio de Mendonça...

Não cuideis que esqueço dois nomes que vivem na memória e na saudade de todos quanto seguiram com simpatia e admiração o movimento literário iniciado em 1879: Artur de Oliveira e *Hop-Frog*. Esquecê-los seria rasgar uma grande página da nossa história literária.

Artur de Oliveira foi o precursor da Ideia Nova. Educado na Europa, ou melhor, educado em Paris, ali viveu na roda dos poetas, dos prosadores e dos artistas. Regressando ao Brasil, trazia a alma impregnada de parnasianismo e fazia-se o arauto dos mestres do ritmo. Às vezes um grupo de curiosos parava à porta do *Café de Londres*, a escutar uma voz harmoniosa que vinha do fundo da sala: era Artur de Oliveira que aclamava, entre poetas, versos de Theodore de Banville, de Leconte de Lisle, de Sully-Prudhomme, as narinas ofegantes, os braços agitados no ar, a cabeça serpejando, como que a sublinhar as maravilhas de cada estrofe... Théophile Gautier, com quem conviveu por largo tempo, transmitiu-lhe a paixão da forma, cristalizada naqueles versos dos *Émaux et Camées:*

....

Les dieux eux-mêmes meurent.
Mais les vers souverains
  Demeurent
Plus forts que les airains.
Sculpte, lime, cisèle;
Que ton rêve flottant
Se scelle
Dans le bloc résistant!

A esse conselho, o grande artista de *Mademoiselle de Maupin* acrescentava outro, dizendo a Artur de Oliveira: *"Lisez les dictionnaires, jeune homme!"*

Machado de Assis traçou num dos seus contos, "O Anel de Polícrates", a figura de Artur de Oliveira, disfarçada naquele "Xavier" endiabrado e derramado:

Era um saco de espantos. Quem conversava com ele sentia vertigens. Imagine uma cachoeira de ideias e imagens, qual mais original, qual mais bela, às vezes extravagante, às vezes sublime... Ele espalhava ideias à direita e à esquerda, como o céu chove, por uma necessidade física, e ainda por duas razões. A primeira é que era impaciente, não sofria a gestação indispensável à obra escrita. A segunda é que varria com os olhos uma linha tão vasta de coisas, que mal poderia fixar-se em qualquer delas. Se não tivesse o verbo fluente, morreria de congestão mental; a palavra era um derivativo. As páginas que então falava, os capítulos que lhe borbotavam da boca, só precisavam de uma arte de os imprimir no ar, e depois no papel, para serem páginas e capítulos excelentes, alguns admiráveis. Nem tudo era límpido; mas a porção límpida superava a porção turva, como a vigília de Homero paga os seus cochilos.

[...]

Quinta Conferência
(17 de março de 1916)*

Quincas Borba. Dom Casmurro. Esaú e Jacó

Machado de Assis publicou *Quincas Borba* em 1892. Volvidos oito anos, deu a lume *Dom Casmurro*, em 1900. Quatro anos mais tarde, em 1904, aparecia *Esaú e Jacó*. Entre o primeiro e o último destes romances decorreram 11 anos. É justamente o período culminante do progresso estético do grande escritor, no domínio integral de todas as suas faculdades criadoras, servido pelo mais completo poder de expressão, no senso íntimo do idioma pátrio e no maravilhoso manejo do vocabulário. Nestes três livros, o processo é ainda o do Naturalismo, atenuado pela feição singularíssima do escritor, e temperado pela sua sobriedade. Ele nunca teve propósitos de escola, nem pôde sujeitar-se a dogmas e preceitos estabelecidos. Manteve em toda a sua carreira literária o feitio original do seu espírito, o relevo da sua individualidade e a sua visão desencantada das coisas e dos homens. Por ele passaram todas

---

* *In: Machado de Assis* (Curso Literário em Sete Conferências na Sociedade de Cultura Artística de São Paulo). Rio de Janeiro: Academia Brasileira de Letras; São Paulo: Imprensa Oficial do Estado de São Paulo, 2007, pp. 187-225.

as escolas e todas as renovações da arte, na evolução do sentimento literário, mas a sua personalidade permaneceu a mesma, através de todas as tendências que poderiam ter influído na formação de um escritor. Veio daí a incompatível unidade da sua obra, de eterna beleza e de perfeição eterna.

Disse Ferrère, num largo estudo acerca de Flaubert, que é, antes de tudo, o profundo amor da beleza o que constitui a essência das teorias estéticas do autor de *Madame Bovary*.

Não se pode dizer outra coisa de Machado de Assis. No culto da beleza ideal estão as origens da sua estética. A beleza não procede das teorias ou das escolas; é um elemento de concepção e de criação, que subsiste na própria personalidade do artista. Ela traz consigo, segundo a fórmula do crítico de *La Vie Littéraire*, uma verdade mais alta e mais profunda que a própria verdade: *"J'oserai dire qu'il n'y a de vrai au monde que le beau. Le beau nous apparaît la plus haute manifestation du divin qu'il nous soit permis de connaître."* E por isso, a obra de arte há de ser sempre um produto subjetivo. Ao subjetivismo de Machado de Assis, ao determinismo, que é a essência da sua filosofia, ao fatalismo que decorre da sua concepção da vida, aliaram-se a sua rara faculdade de observação e de assimilação, o seu dom de análise, a sua penetração fina e aguda, que dele fizeram um escritor naturalista, preservado na sua originalidade nativa. Ele sentiu todas as imagens da vida e da natureza, surpreendendo o homem nos mais profundos mistérios da sua existência moral. *"Tous les yeux ne savent pas voir"*, escreve Henri Bordeaux. Machado de Assis sabia ver melhor que ninguém. Ainda na produção da sua fase romântica, toda ela de imaginação e de ficção, encontramos a cada passo o documento da verdade objetiva, a palpitação flagrante das paixões humanas, a cor da realidade viva... Ele mesmo o declara, num dos seus primeiros escritos: "Eu não sei dizer coisas fabuladas e impossíveis; mas as que me passam pelos olhos, as que os leitores podem ver e terão visto. Observo, ouço e escrevo." E os elementos, que assim lhe oferece a realidade, passam pelo cadinho da sua imaginação construtiva, que os idealiza, gravando nesses retalhos da vida o cunho do seu temperamento individual. Sem ter pretendido converter-se à escola naturalista, o que repugnava à sua independência, Machado de Assis foi, entretanto, na Literatura Brasileira, o expoente do Naturalismo, se quisermos aceitar esta escola de arte sob a fórmula célebre do autor de *Germinal*: "Um canto da natureza, visto através de um temperamento."

Para só falar de escritores mortos, direi que a apenas um, Aluísio Azevedo, nos depara, em *Casa de Pensão* e *O Cortiço*, produção naturalista capaz de viver na nossa história literária, com um brilho inextinguível, ao lado da obra do autor de *Brás Cubas*. O primeiro daqueles romances, que é, aliás, a reprodução de uma tragédia conhecida nos anais judiciários do Rio de Janeiro, tem ainda os seus laivos de Romantismo na figura do estudante Amâncio. *O Cortiço*, porém, é um livro de puro Naturalismo. Foi modelado na realidade da vida. João Romão, o imigrante português, que moureja dia e noite para realizar as suas ambições e as suas vaidades, e Bertoleza, a cafuza submissa que o ajuda na ganância e na rapacidade, são dois tipos do meio fluminense, magistralmente delineados. São duas figuras que hão de perdurar, no romance nacional, a par da estupenda "galeria de gente viva", que Machado de Assis soube traçar nos seus livros.

Esta opulenta galeria não contém somente a representação da vida individual, mas também a fixação de tipos coletivos, que denunciam uma categoria de seres análogos. Daudet, em *Trente Ans de Paris*, definiu, de maneira precisa, a criação dos tipos representativos de um meio social, encarnado todos os ridículos, todas as paixões e todas as misérias de uma época:

> *La vraie joie du romancier restera de créer des êtres, de mettre sur pied, à force de vraisemblance, des types d'humanité qui circulent désormais par le monde, avec le nom,*

> *le geste, la grimace qu'il leur a donnés, et qui font parler d'eux en dehors de leur créateur et sans que son nom soit prononcé. Pour ma part, mon émotion est toujours la même quand, à propos d'un passant de la vie, d'un des mille fantoches de la comédie politique, artistique ou mondaine, j'entends dire: c'est un Tartarin, un Monpavon, un Delobelle! Un frisson me passe alors, le frisson d'orgueil d'un père, caché dans la foule, tandis qu'on applaudit son fils, et qui, tout le temps, a l'envie de crier: C'est mon garçon!*

Também o autor de *Brás Cubas* quantas vezes, vendo passar na rua certos indivíduos, cuja figura fixou em seus personagens, poderia exclamar: "É meu filho!"

Em todos os seus livros avulta o estudo da vida fluminense e dos tipos da sua galeria humana, nas diversas épocas da nossa evolução política e social, e nos vários costumes e usos de cada tempo. Olavo Bilac observou com razão que a verdadeira crônica do Rio de Janeiro, acabada, minuciosa e completa, está fixada nos romances de Machado de Assis, "que, em 50 anos de trabalho literário, baniu de seus livros todo o assunto estranho ao seu nativismo, como baniu do seu estilo toda a influência de idiomas forasteiros".

[...]

Sexta Conferência
(15 de dezembro de 1916)*

O Crítico e o Cronista

Não foi somente no conto e no romance que Machado de Assis nos legou os tesouros da sua prosa incomparável. Na crítica literária e na crônica de imaginação e fantasia deixou matéria para vários volumes. Uma pequena parte dessa admirável produção, esquecida nas coleções de antigos jornais, já foi dada a lume em publicação póstuma, devida a um dos grandes amigos de Machado de Assis, Mário de Alencar. Intitula-se *Crítica* e reproduz apreciações literárias de épocas diversas e alguns dos prefácios com que Machado de Assis apadrinhou estreias de poetas. Na introdução da *Crítica*, adverte Mário de Alencar que as páginas ali recolhidas são a mostra cabal de que o autor de *Dom Casmurro* era um crítico exímio, e seria, querendo-o, um dos melhores que já escreveram na língua portuguesa.

---

* *In*: *Machado de Assis* (Curso Literário em Sete Conferências na Sociedade de Cultura Artística de São Paulo). Rio de Janeiro: Academia Brasileira de Letras; São Paulo: Imprensa Oficial do Estado de São Paulo, 2007, pp. 229-272.

Foi precisamente pela crítica que Machado de Assis estreou no Jornalismo. E foi uma das estreias mais precoces da nossa história literária. Em 1858, com menos de 19 anos de idade, Machado de Assis escrevia na *Marmota*, de Paula Brito, uma série de artigos críticos sob o título "O Passado, o Presente e o Futuro da Literatura". Para um crítico de 19 anos, era talvez demasiada a pretensão de abarcar o vasto assunto daquela epígrafe... É espantoso, entretanto, como se esboçavam naquele cérebro de adolescente ideias sensatas e conceitos seguros acerca dos problemas literários! Em 1862 apareceu no Rio de Janeiro a revista *O Futuro*, fundada por Faustino Xavier de Novaes. Ramalho Ortigão ali escrevia a crônica da Literatura Portuguesa. A Machado de Assis foi confiada a crônica da Literatura Brasileira. Logo no primeiro número de *O Futuro* fez Machado de Assis análise do romance de José de Alencar – *As Minas de Prata*. Reparai nas cautelas que ele impõe à sua pena de cronista:

> Antes de começarmos o nosso trabalho, ouve, amiga minha, alguns conselhos de quem te preza e não te quer ver enxovalhada. Não te envolvas em polêmicas de nenhum gênero, nem políticas, nem literárias, nem quaisquer outras; de outro modo verás que pas-

sas de honrada a desonesta, de modesta a pretensiosa, e, em um abrir e fechar de olhos, perdes o que tinhas e o que eu te fiz ganhar. O pugilato das ideias é muito pior que o das ruas; tu és franzina, retrai-te na luta e fecha-te no círculo dos teus deveres, quando couber a tua vez de escrever crônicas. Sê entusiasta para o gênio, cordial para o talento, desdenhosa para a nulidade, justiceira sempre, tudo isso com aquelas meias-tintas tão necessárias aos melhores efeitos da pintura. Comenta os fatos com reserva, louva ou censura como te ditar a consciência, sem cair na exageração dos extremos. E assim viverás honrada e feliz.

Notai bem aquela frase preciosa: "Tudo isso com aquelas meias-tintas tão necessárias aos melhores efeitos da pintura." As meias-tintas, os tons entre a luz e a sombra, foram sempre a cor predileta de Machado de Assis na enunciação do seu pensamento. Em toda a sua obra literária condenou invariavelmente as tonalidades vivas ou excessivas, o ardor ou a violência... Ele mesmo o disse, numa de suas crônicas: ... "Quanto à violência, sou da família de Stendhal, que escrevia com o coração nas mãos: *Mon seul défaut est de ne pas aimer de sang*". A modéstia e a simplicidade dos seus juízos, a indecisão dos seus conceitos, provinham da sua timidez, da sua tristeza congênita. Por isso, não dizia inteiramente bem, nem inteiramente mal dos homens, dos fatos ou dos livros, submetidos à sua crítica.

Apesar dessa feição natural do seu temperamento, a isenção do seu espírito, o seu horror do dogmatismo, a sua profunda sensibilidade estética e as suas raras faculdades de abstração valeram-lhe desde moço o primeiro lugar entre os seus contemporâneos, nos domínios da crítica. Logo que entrou para a redação do *Diário do Rio de Janeiro*, entregou-lhe Quintino Bocaiuva o encargo da apreciação literária dos livros novos que surgiam. Em 1866 fulguravam nos folhetins do *Diário* o peregrino engenho de Tavares Bastos, com os seus estudos sobre o Vale do Amazonas, e a crítica de Machado de Assis, na *Semana Literária*.

Analisando o teatro de Joaquim Manuel de Macedo, Machado de Assis recomendava ao autor de *A Moreninha* o profundo estudo das paixões, "que nos seus dramas se exprimem mais pela energia exterior, do que pela força íntima". "É preciso não confundir o sentimento e o vocabulário." Nesta simples frase está uma grande e preciosa lição de estética. Ela resume a teoria literária de Machado de Assis, avesso por índole à pompa do estilo, ocultando a pobreza e a insuficiência do pensamento. E acrescentava:

Tal é o teatro de Macedo: talento dramático, que podia encher a Biblioteca Nacional com obras de pulso e originalidade, abandonou a via dos primeiros tentames em busca dos efeitos e dos aplausos do dia; talento cômico, não penetrou na esfera da comédia, e deixou-se levar pela sedução do burlesco e da sátira teatral. A boa comédia, a única que pode dar-lhe um nome, talvez menos ruidoso, mas com certeza mais seguro, essa não quis praticá-la o autor da "Torre em Concurso". Foi o seu erro. Acompanhar as alternativas caprichosas da opinião, sacrificar a lei do gosto e a lei da Arte é esquecer a nobre missão das musas. Da parte de um intruso, seria coisa sem consequência; da parte de um poeta, é condenável.

Aliás, Machado de Assis não tinha em grande apreço o mérito de Macedo, a julgar por algumas rápidas palavras suas na crônica que escreveu ao tempo da morte do livreiro Garnier. Apreciando uma novela do mesmo Macedo, concita-o

> a cultivar o romance literário, o romance que reúne o estudo das paixões humanas aos toques delicados e originais da Poesia, meio único de fazer com que uma

obra de imaginação, zombando do açoite do tempo, chegue inalterável e pura aos olhos da posteridade.

Quando apareceu *Iracema*, de José de Alencar, "a virgem dos lábios de mel, que tinha os cabelos mais negros que a asa da graúna e mais longos que seu talhe de palmeira", esse delicioso poema em prosa que fez vibrar em todas as almas adolescentes um cântico de amor e de saudade, Machado de Assis, aturdido e confuso diante das imagens fulgurantes em que lhe aparecia a estranha paisagem da terra cearense, inculcava ao autor de *O Guarani* o caminho da "sobriedade" no estilo... Era a sua eterna teoria das meias-tintas e do claro-escuro.

Sétima Conferência
(16 de março de 1917)*

O Poeta das *Ocidentais*
Seus Últimos Livros:
Relíquias de Casa Velha. Memorial de Aires. Sua Morte.

Em 1875 Machado de Assis deu a lume a sua terceira coleção de poesias – *Americanas*. Escreveu depois muitos versos, esparsos em revistas e jornais; hesitou sempre, porém, no seu culto da forma e da perfeição, em reuni-los em volume. Só em 1901 o editor Garnier conseguiu vencer a sua resistência, publicando, sob o título *Poesias Completas*, uma nova edição das *Crisálidas, Falenas* e *Americanas*, a que se juntaram os versos da madureza dos anos, que Machado de Assis denominou *Ocidentais*. Vários desses poemas, entre os quais "A Mosca Azul", tinha-os publicado a *Revista Brasileira* em 1880. Nessa edição definitiva dos seus versos, Machado de Assis deixou de incluir alguns que tinham aparecido nas edições anteriores e muitos dos que depois escrevera. Condenou assim ao esquecimento algumas das melhores joias da sua lírica; e o fez por escrúpulos de refinado artista, sempre suspeitoso da sua obra.

---

* *In*: *Machado de Assis* (Curso Literário em Sete Conferências na Sociedade de Cultura Artística de São Paulo). Rio de Janeiro: Academia Brasileira de Letras; São Paulo: Imprensa Oficial do Estado de São Paulo, 2007, pp. 275-328.

Referiu-me Rodrigo Octavio que uma vez lhe perguntou por que razão deixara de inserir nas *Poesias Completas* aquele lindo trecho das *Falenas* – "Menina e Moça", que começa por estes versos:

Está naquela idade inquieta e duvidosa,
Que não é dia claro e é já o alvorecer;
Entreaberto botão, entrefechada rosa,
Um pouco de menina e um pouco de mulher...

Explicou-lhe Machado de Assis que um dos versos da poesia mencionava os nomes de uma modista e de uma mestra daquela tempo... Isto o obrigaria a uma nota elucidativa do texto, que repugnava ao bom gosto. Outros motivos acharia para justificar as demais preterições. Daí a penúria da sua obra poética, posta em livro. Todavia, o que nos deixou nas *Ocidentais* é o bastante para permitir juízo seguro acerca do poeta, na sua última fase.

O que sobreleva nos versos de Machado de Assis é o apuro da forma e da expressão. Foi ele o nosso primeiro poeta artista, muito antes que os parnasianos pusessem no cuidado da métrica e na escultura do verso os primores do seu engenho. Foi Machado de Assis, com o sabor clássico do seu vocabulário, com a sobriedade e a singeleza do seu estilo, e com a maravilha da sua versificação, um dos primeiros, talvez, entre os nossos poetas, que influíram sobre a geração parnasiana.

Quando, em 1864, apareceram as *Crisálidas*, o verso ene-assílabo era, com o heroico e os redondilhos, o mais geralmen-te empregado. Raros poetas deixavam então de edulcorar os próprios e os alheios ouvidos com a toada, de que dá exemplo o "Canto do Piaga", de Gonçalves Dias:

> Ó guerreiros da taba sagrada,
> Ó guerreiros da tribo Tupi,
> Falam Deuses nos cantos do Piaga,
> Ó guerreiros, meus cantos ouvi!

A Machado de Assis repugnava consonar com os mais na melopeia vulgar. Em todas as produções de sua lavra só uma vez, e quando este verso, por seu mel já fermentado, enfastiava e ia sendo largado de mão –, talvez por esta última circunstância – o empre-gou ele nas oitavas da poesia "Lua Nova", inclusa nas *Americanas*:

> Mãe dos frutos, Jaci, no alto do espaço
> Ei-la assoma serena e indecisa:
> Sopro PE dela esta lânguida brisa
> Que sussurra na terra e no mar...

Ao tempo das *Crisálidas*, o verso alexandrino lograva aqui poucas simpatias; "longo verso-prosa" chamava-lhe Faustino Xavier de Novaes; e, não obstante o protesto veemente de Luís

Delfino pelo *Futuro*, e haver Castilho feito imprimir-se entre nós neste metro uma parte da tradução dos "Amores" e toda a "Arte de Amar", poucos o praticavam, raramente acertando-lhe com a medida, consoante o modelo clássico. Machado de Assis estreia, incluindo nas *Crisálidas* cerca de três centúrias de dodecassílabos, e todos rigorosamente escandidos, canoros e amplos. Publicando em 1866 a comédia "Os Deuses de Casaca", Machado de Assis fez falar os seus deuses em verso alexandrino. Tem este verso alexandrino seus adversários – escreveu ele no prefácio da comédia –, mesmo entre os homens de gosto, mas é de crer que venha a ser finalmente estimado e cultivado por todas as musas brasileiras e portuguesas. Será essa a vitória dos esforços empregados pelo ilustre autor das *Epístolas à Imperatriz*, que tão paciente e luzidamente tem naturalizado o verso alexandrino na língua de Garrett e de Gonzaga. O autor teve a fortuna de ver os seus "Versos a Corina", escritos naquela forma, bem recebidos pelos entendedores. Se os alexandrinos desta comédia tiverem igual fortuna, será essa a verdadeira recompensa para quem procura empregar nos seus trabalhos a consciência e a meditação. Advirta-se ao demais que o alexandrino nas mãos de Machado de Assis, naquela época, se avantaja ao de Castilho em maior variedade e beleza de acentuação rítmica.

DEDICATÓRIA

Para Guga, Pedro, Gabriel e Bebel,
queridos filhos, grandes amigos

SÉRIE ESSENCIAL

001   Oswaldo Cruz, *Moacyr Scliar*

002   Antônio Houaiss, *Afonso Arinos, filho*

003   Peregrino Júnior, *Arnaldo Niskier*

004   João do Rio, *Lêdo Ivo*

005   Gustavo Barroso, *Elvia Bezerra*

006   Rodolfo Garcia, *Maria Celeste Garcia*

007   Pedro Rabelo, *Ubiratan Machado*

008   Afonso Arinos de Melo Franco, *Afonso Arinos, filho*

009   Laurindo Rabelo, *Fábio Frohwein de Salles Moniz*

010   Artur Azevedo, *Sábato Magaldi*

011   Afonso Arinos, *Afonso Arinos, filho*

012   Cyro dos Anjos, *Sábato Magaldi*

013   Euclides da Cunha, *José Maurício Gomes de Almeida*

014   Alfredo Pujol, *Fabio de Sousa Coutinho*

IMPRENSA OFICIAL DO ESTADO DE SÃO PAULO

Diretor Industrial: *Teiji Tomioka*
Diretor Financeiro: *Flávio Capello*
Diretora de Gestão de Negócios: *Lucia Maria Dal Medico*

Gerente de Produtos Editoriais e Institucionais: *Vera Lúcia Wey*

Coordenadora Editorial: *Cecília Scharlach*
Assistente Editorial: *Viviane Vilela*
Produtora Gráfica: *Nanci Roberta da Silva Cheregati*

CTP, Impressão e Acabamento: *Imprensa Oficial do Estado de São Paulo*

Rua da Mooca, 1.921 Mooca
03103 902 São Paulo SP
sac 0800 01234 01
sac@imprensaoficial.com.br
livros@imprensaoficial.com.br
www.imprensaoficial.com.br

GOVERNO DO ESTADO DE SÃO PAULO
Governador: *Alberto Goldman*

IMPRENSA OFICIAL DO ESTADO DE SÃO PAULO
Diretor-Presidente: *Hubert Alquéres*